BEI GRIN MACHT SICH IHR WISSEN BEZAHLT

Bibliografische Information der Deutschen Nationalbibliothek:

Die Deutsche Bibliothek verzeichnet diese Publikation in der Deutschen National-bibliografie; detaillierte bibliografische Daten sind im Internet über http://dnb.d-nb.de/ abrufbar.

Dieses Werk sowie alle darin enthaltenen einzelnen Beiträge und Abbildungen sind urheberrechtlich geschützt. Jede Verwertung, die nicht ausdrücklich vom Urheberrechtsschutz zugelassen ist, bedarf der vorherigen Zustimmung des Verla-ges. Das gilt insbesondere für Vervielfältigungen, Bearbeitungen, Übersetzungen, Mikroverfilmungen, Auswertungen durch Datenbanken und für die Einspeicherung und Verarbeitung in elektronische Systeme. Alle Rechte, auch die des auszugsweisen Nachdrucks, der fotomechanischen Wiedergabe (einschließlich Mikrokopie) sowie der Auswertung durch Datenbanken oder ähnliche Einrichtungen, vorbehalten.

Impressum:

Copyright © 2016 GRIN Verlag
Druck und Bindung: Books on Demand GmbH, Norderstedt Germany
ISBN: 9783668617803

Dieses Buch bei GRIN:

https://www.grin.com/document/377700

Gregor Kretschmann

Hightech im Fußball. Macht die Torlinientechnik den Fußball besser?

GRIN Verlag

GRIN - Your knowledge has value

Der GRIN Verlag publiziert seit 1998 wissenschaftliche Arbeiten von Studenten, Hochschullehrern und anderen Akademikern als eBook und gedrucktes Buch. Die Verlagswebsite www.grin.com ist die ideale Plattform zur Veröffentlichung von Hausarbeiten, Abschlussarbeiten, wissenschaftlichen Aufsätzen, Dissertationen und Fachbüchern.

Besuchen Sie uns im Internet:

http://www.grin.com/

http://www.facebook.com/grincom

http://www.twitter.com/grin_com

„das andere Gymnasium" e.V.

Facharbeit

im

Fach Sport

Klassenstufe 9

Schuljahr 2015/16

Hightech im Fußball

Macht die Torlinientechnik den Fußball besser?

Gregor Kretschmann

14.09.2015

Inhaltsverzeichnis

1. Einleitung

Am 18.05.2015 mit einer Freistoßflanke von Marco Reus gewinnt Robert Lewandowski im Bayern-Strafraum das Kopfballduell gegen Dante, Torwart Manuel Neuer fliegt am Ball vorbei. Am langen Pfosten steht Mats Hummels, der den Ball per Kopf aufs Bayern-Tor drückt. Dante sprintet heran und schlägt den Ball aus dem Tor. Die BVB-Spieler jubeln bereits, doch Schiedsrichter Florian Meyer gibt das Tor nicht. Tausende Fußball begeisterte Fans und die gesamte Mannschaft sind sauer auf den Schiedsrichter und fassungslos. Durch diese Fehlentscheidung und die dadurch hervorgerufenen Emotionen sind die Spieler von Dortmund entmutigt für weitere anstrengende Torschussversuche gegen den FC Bayern München. Doch die Bilder zeigen: Der Ball war hinter der Linie. Der Treffer, den Dortmund in der 64. Minute des DFB-Pokal-Finales gegen Bayern schoss, hätte zählen müssen. [1]

Solche Fehlentscheidungen wird es bald nicht mehr geben. Um so etwas zu vermeiden, wird im Fußball jetzt die so genannte Torlinientechnik verwendet. Diese Technologie soll den Fußball verbessern, also die Arbeit der Schiedsrichter erleichtern und Fehlentscheidungen vermeiden helfen. Diese Technik wird Torlinientechnik oder Torlinientechnologie genannt. Sie dient zur Überwachung, ob der Ball die Torlinie vollständig überquert hat. Ich, also Gregor Kretschmann, möchte eine Facharbeit zum Thema „Hightech im Fußball" stellen und mich genauer mit der Torlinientechnik beschäftigen, da mich der Zusammenschluss von Sport und Technik fasziniert. Außerdem bin ich für Fairness in allen Bereichen des Lebens. Ich will Sie über die verschiedenen Arten, die Funktionsweise und über die öffentliche Meinung von Trainern, Spielern und Fans des Fußballs informieren. Meine Problemstellung lautet: „Macht die Torlinientechnik den Fußball besser?" Außerdem frage ich mich: „Wird die Technologie

---

[1] Schönleber, D.: Das entscheidende Tor. Schiri nimmt regulären Treffer beim DFB-Pokal. 18.05.2015 In: http://www.focus.de/sport/videos/das-entscheidende-tor-schiri-nimmt-bvb-regulaeren-treffer-beim-dfb-pokal_id_3853325.html. Zugriff am 16.09.2015.

bald im Fußball zum Einsatz kommen?" und „Werden Kameras im Tor oder Spulen im Ball eingesetzt?" Ich will in dieser Facharbeit auf die Funktionsweise, auf die verschiedenen Arten der Torlinientechnik und die Meinung der Öffentlichkeit eingehen. Außerdem will ich eine Umfrage und ein Experteninterview zu diesem speziellen Thema durchführen.

2. Torlinientechnik

Die Torlinientechnologien sind technische Hilfsmittel zum Überprüfen ob der Ball die Torlinien, entsprechend dem FIFA Regelwerk, vollständig überquert hat oder nicht. So soll es keine Fehlentscheidungen der Schiedsrichter mehr geben. Dadurch wird das Spiel insgesamt fairer und die Schiedsrichter werden vor schweren oder falschen Torentscheidungen bewahrt.

Diese Technologie wurde am 5. Juli 2012 erstmals in der englischen Premier League und bei der Fußballweltmeisterschaft in Brasilien 2014 verwendet.

Solch eine Technologie gibt es in zwei unterschiedlichen Systemen. Das eine System funktioniert mit Kameras, trägt den Oberbegriff „Kamerabasiert", und das zweite System arbeitet mit Magnetfeldern, trägt den Oberbegriff „Ballortung über Funk". Die Torlinientechnologie wird in drei Varianten angeboten. Die Technologie „GoalRef" arbeitet mit dem Ball und läuft unter dem Oberbegriff Ballortung über Funk. Die Technologien „Hawk-Eye" und „GoalControl" arbeiten mit Kameras im Stadion.[2] Sie werden bereits in Italien und Frankreich zur technischen Unterstützung der Schiedsrichter verwendet.[3]

---

[2] Torlinientechnik. In: https://de.wikipedia.org/wiki/Torlinientechnik. Zugriff am 09.01.2016

[3] Uefa Beschluss: Torlinientechnik kommt bei der EM 2016 zum Einsatz. 22.01.2016 In:
http://www.spiegel.de/sport/fussball/torlinientechnik-kommt-bei-der-em-2016-zum-einsatz-a-1073462.html. Zugriff am 23.03.2016

2.1. Ballortung über Funk

Bei der Ballortung über Funk gibt es das System „GoalRef". Das System ist vergleichbar mit einer Funk-Lichtschranke. Es wurde vom Fraunhofer Institut und dem dänischen Hersteller „Select" im Jahr 2003 entwickelt und erstmals 2008 bei der Junioren-WM der Damen in Mazedonien eingesetzt. Im Jahr 2010 wurde begonnen GoalRef auch Fußballtauglich zu machen. Seit 2012 ist die Technologie von der FIFA lizensiert.

Bei diesem System werden in den Fußball drei leichte Spulen integriert. Diese Spulen stören das schwache Magnetfeld, das hinter der Latte des Tores durch kleine Antennen erzeugt wird. Wenn der Ball die Torlinie komplett überquert

hat, wird eine Spezialinformation vom System gesendet. Die Spezialinformation wird so genannt, da sie eine ganz einzigartige Verschlüsselung der Daten benutzt. Diese Information wird sofort an die Spezial-Armbanduhr des Schiedsrichters weitergegeben.

Diese Vibriert und zeigt „Goal" an. Somit wird nur das Tor gegeben, wenn die Uhr das anzeigt.

„GoalRef" kann auch in anderen Ballsportarten, wie Handball, eingesetzt werden. Das System wird durch nichts beeinflusst, auch nicht durch schlechtes Wetter. Außerdem kann man die Technologie nicht manipulieren, da die Daten hoch verschlüsselt an die Armbanduhr des Schiedsrichters übertragen werden.[4] Sie wird bereits in Frankreich als Hilfe für die Schiedsrichter verwendet.[5] Es gibt noch eine weitere Technologie mit dem Namen „Cairos". Sie wurde von einem deutschen Unternehmen entwickelt und funktioniert fast genauso, wie „GoalRef". Die einzigen Unterschiede sind, dass sich das Magnetfeld unter dem gesamten Spielfeld befindet und im Ball keine Spulen integriert

---

[4] FIFA: Tests in Nürnberg – Entscheid in vier Wochen. 07.07.2015 In: http://de.fifa.com/about-fifa/news/y=2012/m=6/news=tests-nurnberg-entscheidung-vier-wochen-1645527.html. Zugriff am 09.01.2016

[5] Uefa Beschluss: Torlinientechnik kommt bei der EM 2016 zum Einsatz. 22.01.2016 In: http://www.spiegel.de/sport/fussball/torlinientechnik-kommt-bei-der-em-2016-zum-einsatz-a-1073462.html. Zugriff am 23.03.2016

werden, sondern ein Sensor. Jedoch wird dieses System nur sehr selten verwendet, da es teurer und mit einem großen Aufwand bei der Installation verbunden ist.[6]

2.2. Kamerabasierte Systeme

Es gibt zwei kamerabasierte Systeme, die mit mindestens sechs Hochgeschwindigkeitskameras pro Tor ausgestattet sind. Eines dieser Systeme trägt den Namen „GoalControl" und wurde speziell für den Fußball entwickelt. Es wurde in der Städteregion Aachen von der „GoalControl GmbH" aus Würselen entwickelt. Im Jahr 2013 wurde das System von der FIFA lizenziert. Es funktioniert mit sieben Kameras, die am Stadiondach angebracht sind und 500 Bilder pro Sekunde aufzeichnen. Diese Daten werden über ein eigenes Glasfaserkabel zu einem Rechner übertragen und dort wird die Position des Balles auf fünf Millimeter genau berechnet. „GoalControl" kam erstmals bei der FIFA-Klub-Weltmeisterschaft 2013 in Marokko zum Einsatz. Zusätzlich kam noch die Nebenfunktion mit dem Namen „GoalControl Replay" zum Einsatz. Diese Funktion ermöglicht es für die Zuschauer eine 360 Grad Animation von strittigen Torszenen zu erstellen, um somit den klaren Beweis für die Zuschauer zu haben, ob der Ball drin war oder nicht.[7]

Die andere Technologie, die auf Kameras basiert, heißt „Hawk-Eye" und wird zur Ballverfolgung im Sport eingesetzt. Entwickelt wurde die Technologie im Jahr 2001 von Paul Hawkins, einem britischen Mathematiker. Im Juli 2012 wurde „Hawk-Eye" erstmals zum Test im Fußball eingesetzt. Im Jahr 2015 wurde das System erstmalig bei der FIFA Frauen-Weltmeisterschaft eingesetzt. Dieser Einsatz war sehr erfolgreich für „Hawk-Eye", da es in 52 Begegnungen der Frauen-Mannschaften acht strittige Torentscheidungen gab. Das System entschied dreimal für Tor und fünfmal für kein Tor.

---

[6] Torlinientechnik. In: https://de.wikipedia.org/wiki/Torlinientechnik. Zugriff am 23.03.2016
[7] GoalControl. In: https://de.wikipedia.org/wiki/GoalControl. Zugriff am 10.01.2016

Ohne diese acht Entscheidungen hätte die USA ihren dritten Weltmeister-Titel nicht gewinnen können.[8]

Die Technologie wird auch für Cricket und Tennis genutzt.[9] „Hawk-Eye" arbeitet mit sechs bis acht Hochgeschwindigkeitskameras je Tor, die durch ihre einprogrammierten Positionen im Computer, die Flugbahn des Balls berechnen können. So ist für die Zuschauer, Spieler und Schiedsrichter klar, ob der Ball komplett hinter der Torlinie war und wer geschossen hat. Der Schiedsrichter erhält die Information über die Torentscheidung innerhalb einer Sekunde auf seiner Armbanduhr.[10]

2.3. Öffentliche Meinung

Die Torlinientechnik und ihre Technologien werden kontrovers diskutiert. Sie wird von vielen begrüßt, aber auch von manchen sehr gefürchtet.

Die Befürworter sagen: „Diese Technik sei eine große Hilfe für die Schiedsrichter bei strittigen Torentscheidungen und verringere den enormen Druck auf die Schiedsrichter." Die größten Befürworter der Torlinientechnik sind Trainer, Spieler, Schiedsrichter und Sportdirektoren.

---

[8] Zahlen und Fakten zur FIFA Frauen-Weltmeisterschaft Kanada 2015. In: http://de.fifa.com/womensworldcup/news/y=2015/m=7/news=zahlen-und-fakten-zur-fifa-frauen-weltmeisterschaft-kanada-2015tm-2661766.html. Zugriff am 21.03.2016
[9] Hawk-Eye. In: https://de.wikipedia.org/wiki/Hawk-Eye. Zugriff am 10.01.2016
[10] FIFA: IFAB gibt grünes Licht für die Torlinientechnologie. 05.07.2012 In: http://de.fifa.com/about-fifa/news/y=2012/m=7/news=ifab-gibt-grunes-licht-fur-die-torlinientechnologie-1653839.html. Zugriff am 10.01.2016

Die Gegner der Torlinientechnik befürchten, dass die Technisierung des Sportes sich immer weiter ausbreitet und auch in den Bereichen der Fouls und Abseitsentscheidungen Einzug halten wird. Außerdem vermuten sie, dass durch diese klaren Entscheidungen die Emotionen und die Diskussionen, also die Faszination und der Wiedererkennungswert des Fußballs und auch anderer Sportarten verloren gehen. Die Funktionäre sehen die Einführung als sehr großes Problem, da durch klare Entscheidungen die Spiele nicht mehr manipuliert werden können. Der Ex-UEFA-Präsident Michel Platini gehört zu den schärfsten Kritikern der Technologie, wird aber immer gesprächsbereiter und schließt die Einführung der Technik bei der Fußball-Europameisterschaft 2016 in Frankreich nicht mehr aus. Die meisten europäischen Fußball-Verbände haben für die kamerabasierten Systeme gestimmt.[11]

2.3.1. Trainer und Spieler

Die Bundesliga hat im zweiten Anlauf die Einführung der Torlinientechnik beschlossen und für eine Revolution im deutschen Fußball gesorgt. Von 18 Klubs, die dort vertreten sind, haben 15 sich für die Technologie entschieden, jedoch auch drei sich dagegen ausgesprochen. Karl Hopfner, der Präsident des FC Bayern München, sagte in seiner Stellungnahme zur Technik: „Ich bin sehr froh, dass unser Antrag mit sehr, sehr klarer Mehrheit angenommen wurde. Das Ganze wurde sehr professionell von der Geschäftsführung der DFL vorbereitet. Ich glaube, das hat ein Umdenken bewirkt. Damals bei der ersten Abstimmung war das mit den Kosten nicht so konkret."[12]

Beim ersten Anlauf zur Verwendung der Torlinientechnik waren die Zweitligisten noch bei der Abstimmung dabei. Sie haben sich größtenteils gegen die Torlinientechnik

---

[11] Torlinientechnik. In: https://de.wikipedia.org/wiki/Torlinientechnik#Meinungen_der_.C3.96ffentlichkeit. Zugriff am 21.03.2016
[12] Das sagt die Bundesliga zur Torlinientechnik. 04.12.2014 In: http://www.t-online.de/sport/fussball/bundesliga/id_72049812/torlinientechnik-in-der-bundesliga-was-trainer-und-bosse-sagen.html. Zugriff am 21.03.2016

entscheiden, da die Preise damals viel höher angesetzt waren und es somit für sie zu teuer gewesen wäre.

Der zweite Anlauf ist geglückt, da die Preise exakter ermittelt wurden und nur die Erstligisten befragt wurden. Sie entschieden außerdem noch, dass das System „Hawk-Eye" verwendet wird. Die Vereine begründeten die Systementscheidung mit zwei Punkten. Der erste Punkt ist der exzellente Preis zwischen 150.000 Euro und 180.00 Euro pro Saison. Der zweite Punkt ist, dass das System schon in der englischen Premier League verwendet wird und dort große Erfolge verzeichnet.[13]

2.4. Umfrage

In der Umfrage geht es um das Empfinden der Bevölkerung und was sie von der neuen Technologie halten. Ich erwarte aus der Umfrage klare Ergebnisse der Durchschnittsbürger über die Meinung zur Technologie. Außerdem hoffe ich auf einen Favoriten bei den Systemen. Ich werde die Umfrage vormittags am 16. März 2016 auf dem Marktplatz in Neubrandenburg durchführen.

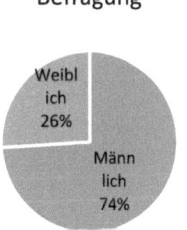

Befragung

In meiner Umfrage habe ich 50 Probanden befragt. Von ihnen sind, wie im oberen Diagramm zu sehen, 74 Prozent männlich und 26 Prozent weiblich. Das bedeutet der größte Teil der Probanden ist männlich, nämlich 37 Personen.

[13] Süddeutsche Zeitung: Klubs stimmen für Torlinientechnik. 04.12.2016 In:
http://www.sueddeutsche.de/sport/fussball-bundesliga-klubs-stimmen-fuer-torlinientechnik-1.2252210.
Zugriff am 21.03.2016

Alter

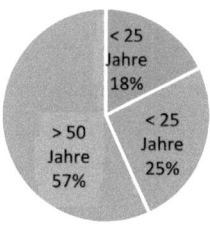

Der größte Teil meiner Befragten hatte ein Alter von über 50 Jahren. Der Anteil der Befragten unter 25 Jahren ist mit 18 Prozent relativ gering. Personen mit einem Alter zwischen 25 Jahren und 50 Jahren nehmen 25 Prozent meiner Umfrage ein. Der Anteil an über 50-jährigen beträgt, wie im Diagramm mit dem Titel „Alter" zu sehen ist, 57 Prozent, also über die Hälfte. Dieser Wert von 57 Prozent entspricht 29 Personen, deren Alter über 50 Jahren liegt. Somit kann man sagen, das der größte Teil meiner Befragten schon viele Erfahrungen gesammelt hat, sich mit dem Fußball und seiner Entwicklung auskennt. Dies bedeutet eine hohe Fachkompetenz innerhalb der Umfrage.

Fußball

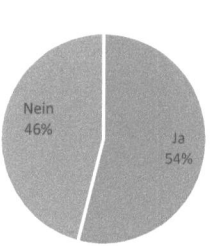

Zuerst habe ich die Frage gestellt, ob sich die befragten Personen mit dem Fußball beschäftigen. Von den 50 Probanden interessieren sich 27 Probanden, wie im Diagramm zu erkennen 54 Prozent, für den Fußball und seine Diskussionen. Der Anteil an Personen, die sich nicht für den Fußball begeistern, liegt bei 46 Prozent. Somit kann man sagen, dass der Anteil derer, die sich mit dem Fußball beschäftigen und an Probanden die sich nicht mit dem Fußball beschäftigen, relativ ausgeglichen ist. Damit sind die Antworten auf meine Fragen gleichermaßen auf die Fußballfans und auf die Leute, die sich nicht für den Fußball interessieren verteilt. Dadurch sind die Diagramme nicht nur von der Erfahrung der Fußballfans geprägt, sondern auch von logischen Überlegungen der Personen, die sich nicht explizit mit dem Fußball beschäftigen. Aus diesem Diagramm kann man schließen, das die Umfrage sehr ausgeglichen ist.

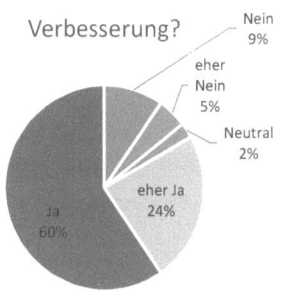

Verbesserung?

- Nein 9%
- eher Nein 5%
- Neutral 2%
- eher Ja 24%
- Ja 60%

Meine zweite Frage belief sich auf die Aussage, ob die Torlinientechnik auf einer Skala von eins bis fünf, den Fußball verbessert oder nicht. Von meinen Probanden haben 60 Prozent gesagt, dass die Technologie den Fußball verbessert. 24 Prozent entschieden sich für die Antwort eher Ja, mit der Begründung, dass die Diskussionen wegfallen würde und somit auch etwas Spannung verloren gehen würde. Zusammengefasst sind 84 Prozent für den Einsatz der Torlinientechnik. Jedoch sind auch neun Prozent für Nein und 5 Prozent für eher Nein. Sie brachten die Begründung, dass die Technologie die Diskussionen unterbinden würde und somit das wegnehme wovon der Fußball lebt. Außerdem sind zwei Prozent neutral gestimmt und lassen sich überraschen, was die Technik bringt. Meine Schlussfolgerung aus dem Diagramm ist, das sich viele die Technologie wünschen, trotz der wegfallenden Diskussionen. Somit kann man sagen, dass sich ein sehr großer Teil klare und faire Entscheidungen wünscht.

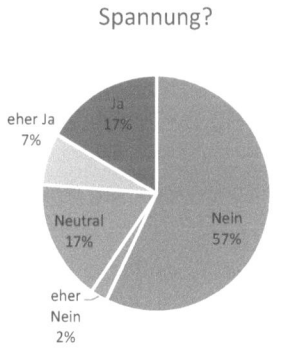

Spannung?

- eher Ja 7%
- Ja 17%
- Neutral 17%
- Nein 57%
- eher Nein 2%

Die dritte Frage der Umfrage beschäftigte sich damit, ob die Torlinientechnik dem Sport die Spannung wegnehmen würde. Die Probanden konnten sich wieder auf einer Skala von eins bis fünf einordnen. Im Diagramm ist zu erkennen, dass der größte Teil der befragten Personen sagt, das die Technologie die Spannung im Fußball nicht wegnimmt. Dieser Anteil sind 30 Personen. Jedoch tendieren auch 24 Prozent der Probanden zu der Antwort, dass die Technik die Spannung und zahlreiche Emotionen dem Spiel wegnimmt. Das sind 12 Personen. Außerdem vertreten 17 Prozent der Probanden eine neutrale Position mit der Begründung, dass dadurch manche Diskussionen wegfallen, aber trotzdem die Tore fallen oder eben auch nicht. Somit kann man sagen, das die Technologie nicht die Spannung wegnimmt und der Fußball ein spannender Sport bleiben wird.

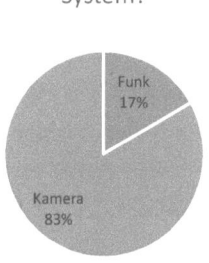

System?

Funk
17%

Kamera
83%

In der nächsten Frage mussten sich die Probanden entscheiden, welche Systemart sie für den Fußball am besten geeignet finden und von welcher sie eher überzeugt sind. Das Ergebnis ist sehr klar für die kamerabasierten Systeme ausgefallen, da sich 83 Prozent der befragten Personen für sie entscheiden. Das sind 42 der 50 befragten Probanden. Nur 17 Prozent entschieden sie für die Technologie mit der Ballortung über Funk. Einige Probanden meinten, wenn man Spulen in den Ball einbaut und das sich weiterentwickelt, werden bald die teuer gehandelten Spieler auf dem Fußballplatz durch Roboter ersetzt. Mein Fazit aus diesem Diagramm ist, das fast alle auf Kameras setzten und nichts weiter verändern wollen, wie zum Beispiel den Ball modifizieren.

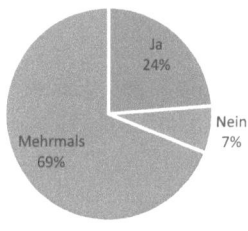

falsche Torentscheidung

Ja
24%

Nein
7%

Mehrmals
69%

Die letzte Frage meiner Umfrage beschäftigte sich mit dem Aspekt, ob die Probanden schon falsche Torentscheidungen erlebt haben. Wie im Diagramm zu sehen ist, hat ein Großteil an Probanden schon mehrmals falsche Torentscheidungen mitbekommen. Somit ist zu erkennen, dass auch die Personen, die sich nicht mit Fußball explizit beschäftigen falsche Torentscheidungen mitbekommen. Der Anteil von 7 Prozent, die noch keine falsche Torentscheidung erlebt haben, gehört höchstwahrscheinlich zu den Personen, die sich nicht für Fußball interessieren. Somit kann man aus diesem Diagramm schließen, das sich viele die Technik im Sport wünschen damit die falschen Torentscheidungen wegfallen.

2.4.1. Fazit meiner Umfrage

In den Diagrammen ist zusehen, das viele Probanden mehrmals falsche Torentscheidungen im Fußball miterlebt haben und wie im vierten Diagramm mit dem Titel „Verbesserung" zu sehen ist, wünschen sich die meisten Personen die neuen Techniken, um falsche Entscheidungen zu vermeiden. Klar erkennbar ist auch, dass die meisten befragten Personen nicht den Ball modifizieren, sondern lieber Kameras am Tor oder im Stadion anbringen lassen wollen. Die Probanden finden außerdem gut, dass die Kameras auch den Videobeweis in den Fußball mit einbringen können. Sie freuen sich auf neue Bilder und Videos von Toren. Die Umfrage beweist, dass die Diskussionen über Tore durch die klaren Entscheidungen und den Videobeweis wegfallen werden und trotzdem die Spannung bleibt.

2.5. Interview

Zu einem Interview traf ich den ehemaligen Spieler des „FCN 04", Herrn Siegfried Schultze. Ich befragte ihn zu seinen Ansichten, Meinungen und Gedanken zur Torlinientechnik. Er antwortete mit den Worten: „Die Torlinientechnik ist eine gute Erfindung zur Erleichterung der Arbeit des Schiedsrichters über die Entscheidung: „Tor oder kein Tor". Jedoch muss ich sagen, dass ich mich ganz klar für die kamerabasierten Systeme entscheiden würde, da ich von der Modifizierung des Balles nichts halte." Zum Thema Weiterentwicklung der Technologie sagte er: „Ich würde es befürworten, dass die Technologie weiterentwickelt wird, wenn es möglich ist. So könnte manche gelbe Karte bei Fouls wegfallen." Zu den Punkten Spannung des Spiels und Hersteller der Technik äußerte sich Herr Schultze: „Ich bin der Ansicht, dass die Torlinientechnik auf keinen Fall dem Spiel die Spannung nimmt. Mir ist egal, welcher Hersteller die Tore der Bundesliga ausstattet. Es wird zwar stets nach Qualität und dem Preis-Leistungsverhältnis geschaut werden, aber es zählt für mich nur der Sport!"

3. Schluss

Zusammenfassend kann ich feststellen, dass die Torlinientechnik einige Vor- und Nachteile mit sich bringt. Die Vorteile überwiegen, wie zum Beispiel der Videobeweis und die klaren Torentscheidungen, wodurch die Schiedsrichter entlastet werden. Wichtig zu sagen ist aber, dass die Technologie die starken Diskussionen über die Torentscheidung unterbinden wird und somit, wie manche Probanden meinen, ein Teil dessen, was den Fußball ausmacht, verloren geht. Aus den Befragungen geht klar hervor, dass viele Personen eher zu den kamerabasierten Systemen tendieren, als zu dem System über Funk. Die Fußballgemeinde ist sich im Großen und Ganzen einig, dass in der Zukunft nur kamerabasierte Systeme verwendet werden. Die Trainer und Spieler haben sich im speziellen für die Technologie „Hawk-Eye" entscheiden, da sie schon in der englischen Premier League verwendet wird und dort große Erfolge zu verzeichnen hat. Die FIFA hatte sich jedoch bei der Weltmeisterschaft in Brasilien im Jahr 2014 für die Technologie „GoalControl" entschieden. Jedoch wird schon seit der Saison 2015/16 in der ersten Bundesliga die Torlinientechnik „Hawk-Eye" verwendet. Die Uefa hat auch schon beschlossen, dass bei der Fußball-Europameisterschaft 2016 in Frankreich eine Torlinientechnik verwendet. Jedoch hat man sich für „GoalControl" entschieden.[14] Die Frage, ob die Torlinientechnik den Fußball verbessert, würde ich mit ja beantworten. Die Ergebnisse aus meiner Umfrage haben gezeigt das sie von vielen Leuten gewünscht wird und die meisten meinen, dass der Fußball durch solch eine Technik nicht grundlegend verändert wird. Das einzige, was in der Zukunft fehlen wird, sind die hitzigen Diskussionen über Tore. Ich denke, dass die Torlinientechnik bei den nächsten Weltmeisterschaften und auch bald in viel mehr Ländern verwendet werden wird. Ich vermute außerdem, dass die meisten Stadien mit „Hawk-Eye" ausgestattet werden, da es immer bekannter wird und die Hersteller somit schon umfangreiche Erfahrungen gesammelt haben. Durch diese Erfahrungen kann die Technik von den Herstellern weiter verbessert und perfektioniert werden. Meine Antwort zum Einsatz der Technologie und der Systemart ist, dass sich die Technik in der ganzen Bundesliga einbringen wird und nur kamerabasierte Systeme verwendet werden.

---

[14] Uefa Beschluss: Torlinientechnik kommt bei der EM 2016 zum Einsatz. 22.01.2016 In: http://www.spiegel.de/sport/fussball/torlinientechnik-kommt-bei-der-em-2016-zum-einsatz-a-1073462.html. Zugriff am 23.03.2016

4. Quellenverzeichnis

1. Schönleber, D.: Das entscheidende Tor. Schiri nimmt regulären Treffer beim DFB-Pokal. 18.05.2015 In: http://www.focus.de/sport/videos/das-entscheidende-tor-schiri-nimmt-bvb-regulaeren-treffer-beim-dfb-pokal_id_3853325.html. Zugriff am 16.09.2015.

2. Raecke, D.: Start der Fußballbundesliga: Premiere für das Hawk-Eye. 13.08.2015 In: http://www.spiegel.de/sport/fussball/torlinientechnik-in-der-bundesliga-alles-zum-hawk-eye-a-1048022.html. Zugriff am 17.10.2015

3. GoalRef. In: https://de.wikipedia.org/wiki/GoalRef. Zugriff am 17.10.2015

4. Hawk-Eye. In: https://de.wikipedia.org/wiki/Hawk-Eye. Zugriff am 17.10.2015

5. GoalControl. In: https://de.wikipedia.org/wiki/GoalControl. Zugriff am 17.10.2015

6. FIFA: IFAB gibt grünes Licht für die Torlinientechnologie. 05.07.2012 In: http://de.fifa.com/about-fifa/news/y=2012/m=7/news=ifab-gibt-grunes-licht-fur-die-torlinientechnologie-1653839.html. Zugriff am 23.10.2015

7. FIFA: Tests in Nürnberg – Entscheid in vier Wochen. 07.07.2015 In: http://de.fifa.com/about-fifa/news/y=2012/m=6/news=tests-nurnberg-entscheidung-vier-wochen-1645527.html. Zugriff am 23.10.2015

8. Torlinientechnik. In: https://de.wikipedia.org/wiki/Torlinientechnik. Zugriff am 09.01.2016

9. Schwamborn, M.: Hawk-Eye statt GoalControl: Technik-Schmiede aus Würselen chancenlos bei Torlinien-Technik. 05.12.2014 In: http://www.express.de/sport/fussball/hawk-eye-statt-goalcontrol-technik-schmiede-aus-wuerselen-chancenlos-bei-torlinien-technik-439790. Zugriff am 10.01.2016

10. FIFA: Zahlen und Fakten zur FIFA Frauen-Weltmeisterschaft Kanada 2015. In: http://de.fifa.com/womensworldcup/news/y=2015/m=7/news=zahlen-und-fakten-zur-fifa-frauen-weltmeisterschaft-kanada-2015tm-2661766.html. Zugriff am 21.03.2016

11. T-Online: Das sagt die Bundesliga zur Torlinientechnik. 04.12.2014 In: http://www.t-online.de/sport/fussball/bundesliga/id_72049812/torlinientechnik-in-der-bundesliga-was-trainer-und-bosse-sagen.html. Zugriff am 21.03.2016

12.   Süddeutsche Zeitung: Klubs stimmen für Torlinientechnik. 04.12.2016 In: http://www.sueddeutsche.de/sport/fussball-bundesliga-klubs-stimmen-fuer-torlinientechnik-1.2252210. Zugriff am 21.03.2016

13.   Uefa Beschluss: Torlinientechnik kommt bei der EM 2016 zum Einsatz. 22.01.2016 In: http://www.spiegel.de/sport/fussball/torlinientechnik-kommt-bei-der-em-2016-zum-einsatz-a-1073462.html. Zugriff am 23.03.2016